やさしすぎ

自分を出す練習

井上裕之

sanctuary books

はじめに。

自分の心を犠牲にしても、相手の気持ちを大事にする、
やさしいあなた。
自分の言いたいことや、やりたいことを後回しにして、
みんなのためにガマンしてしまう、やさしいあなた。
いつも、みんなのことを考えてくれてありがとう。
だけど、あなた自身の心は大丈夫ですか。
もうパンク寸前ではありませんか？
どんな人でもきっと、「いい人」でありたいと思っています。
どんな人でもきっと、人に嫌われたくないと思っています。
どんな人でも、人に愛されたいと思っています。
私だって、もちろん同じです。
でも、「いい人」というのは、じつは、とても曖昧なもの……。
それぞれの人によって、きっと、「いい人」の価値観は、違

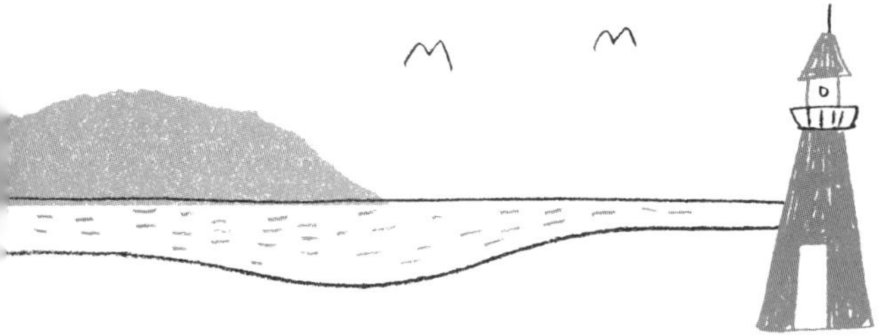

ってしまうのです。
そして、だとしたら――、人一倍、やさしすぎるあなたには、誰よりも、まずはあなた自身にとっての「いい人」になってほしい、と思うのです。
周りの勝手な「いい人」の価値観を聞きすぎて、あなたのやさしすぎる心を、もうこれ以上、犠牲にしないでほしいのです。
周りの無責任な「いい人」の価値観に振りまわされて、あなたのやさしすぎる心を、もうこれ以上、つらく悲しく傷つけないでほしいのです。
だから、これからはどうか、無理な我慢もしないでください。
誰よりも、まずはあなた自身にとっての「いい人」として生きること――。
そして、あなた自身の素直な心で、「楽しいな」「うれしいな」

「わくわくするな」と思うことに向かって、のびのびとあなたらしく、楽しく幸せに生きていくこと——。
それこそがほんとうに、たとえ誰が何を言おうと、いちばん正しくて、いちばんいいことなのです。
あなたは、世界でたったひとりの人です。
あなたの代わりは、誰もいません。
あなたは、誰が何と言おうと、それだけでもう十分に、かけがえのない価値のある、すばらしい「いい人」なのです。
とはいえ、最初は、自信が持てないかもしれません。
「私なんて、そんないい人であるはずがない」と、不安に思うかもしれません。
でも、大丈夫ですよ。どうか、安心してくださいね。
ほんの少しのコツさえ覚えて、毎日、無理なくコツコツとそれをつづけていけば、あなたの中に眠っていた、すばらしい

「あなたらしさ」は、ほうっておいても、自然に、むくむくと成長を始めてくれます。
そして、やがてはきっと、あなたが今、「いつか、こうなりたいな、いつかはこうなったらいいな」と想像している以上に、もっともっと幸せで美しく花開いてくれるのです。
それは、私の体験からいっても、間違いのないことです。
だから、どうか、そのことを安心して信じてくださいね。
この本が、人一倍、やさしすぎるあまりに、悲しく傷ついてしまったあなたの心に、やさしい癒しのエネルギーを与えられるものとなりますように。
そして、自然体のステキな笑顔を取り戻したあなたの人生に、ますますの幸せと喜びをもたらすお手伝いができますように。
それが叶えられることが、
私のいちばんの幸せであり、喜びです。

もくじ

ありのままの気持ちを出すということ。

誰もが、心の中では、ありのままの自分で生きたいと思っています。でも、ありのままの自分を出すと、相手を傷つけたり、みんなに嫌われてしまうんじゃないかと不安になって、自分の素直な感情を出すことができなくて、ひとり、心の中に溜め込んでしまう。心やさしい繊細な人ほどきっと、そんな悩みを抱えてつらく苦しんでおられることと思います。

でも、大丈夫。感情は、素直に出してもいいんですよ。

私自身の経験でも、多少、きついかなということであっても、思い切って自分の素直な感情をフラットに言ってみたら、かえって嫌みなく、心地よく、相手に受け止められたということがありました。

とはいえ、感情を出すことに慣れてなくて、どう出せばい

いのかわからない——。その不安は、とてもよくわかります。でも、感情を溜め込んでしまうと、いつかは爆発してしまいます。しかも、きれいな水も溜め込みつづけていると澱んでドロドロになってしまうように、溜め込みすぎて爆発したときに出てくる感情的な言葉には、ありのままの素直な言葉とは比べものにならないほど、重く澱んだエネルギーが宿ってしまう——。だから、やっぱり、そのときのありのままの感情は、少しずつでも出したほうがいいのです。

いつもみんなの気持ちを思いやるあまり、自分の感情を出すことが難しいと思ってしまう人は、こんな「言葉の法則」を知っていただければいいのではないでしょうか。人に好かれる言葉を話すことで大切なのは、じつは、その形ではなく、エネルギーです。たとえ少々乱暴でも、自分と相手に対しての尊敬や愛情や好意や思いやりがあった上での言葉なら、そこには、相手を不快にさせないいいエネルギーが宿ります。これが、法則の1。また、人の感情とは、喜怒哀楽すべて、神様から与えられたもので、基本的には悪いものではありません。よく怒ってはダメだといわれますが、じつは、怒ったり、泣いたり、笑ったり、楽しんだり、そのどれひとつが欠けても、その人は人間的な魅力を失ってしまいます。これが法則の2です。そして、この2つの言葉の法則を知って、その上で、もう一度、あなた自身の感情を、「怒っても泣いても、それはそれで今の素直な私の気持ちなんだから、いいんだよ」と、まるごとそっと認めてあげる。そうすれば、あなたの心は自然に、自分を肯定するいいエネルギーで満たされていきます。すると、あなたの言葉にも、とくにあれこれ考えなくても、自分と相手を肯定するいいエネルギーが自然に宿るようになってきます。そして、そのとき、あなたはきっと、これまでとは見違えるほど、さらりと嫌みなく、むしろとっても好ましくチャーミングに、ありのままの素直な感情を出せる人に変わっているはずですよ。

怒っても、泣いても、いいんですよ。

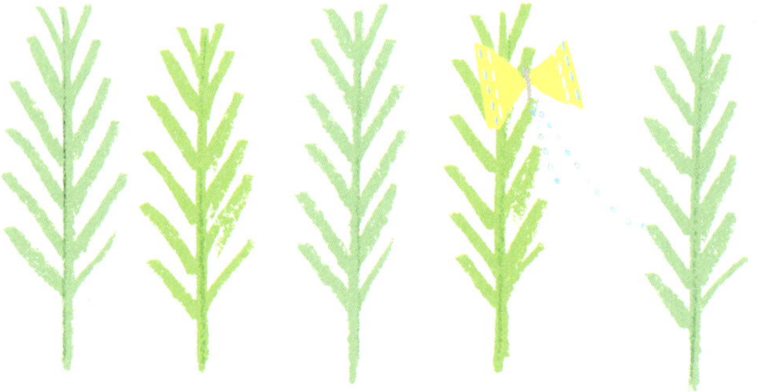

堂々と助けを求めよう。

人にやさしく、がんばり屋さんで真面目な人ほど、人に甘えられなくて、気がつけば、周りの人から「あなたは自分で何でもできる強い人だから」というレッテルを貼られてしまって、どんどん苦しくなってしまう——。それは、ほんとうに悲しくつらいことだと思います。

でも、もしどうしてもつらくて悲しくて、そんな自分を変えたいと思われているとしたら、少しだけ、こんなふうに考えてみてはいかがでしょうか。

甘えるのが苦手で、お願いごとや頼みごとができない人というのは、たぶん、子供の頃から、「できないから、助けて」と助けを求めることが、何だかすごく恥ずかしくて、人に迷惑をかけるような気がして、無理したり、がんばりすぎてし

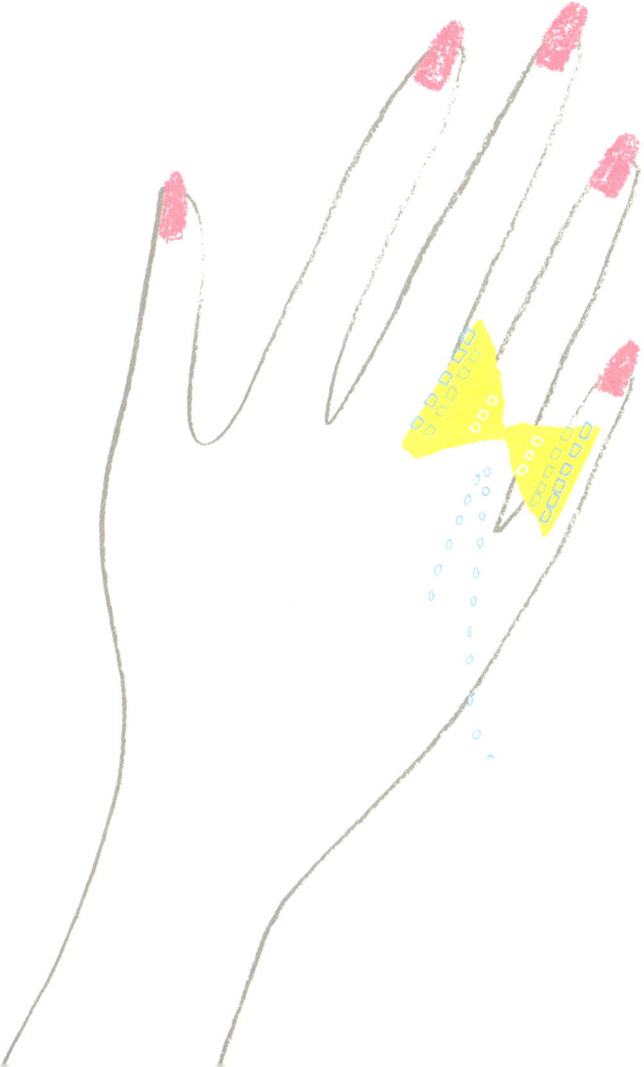

まってきたのかもしれませんね。
でも、人間だったら、「できない」ということがあるのは、当たり前のこと。決して、あなたがダメなことでも、恥ずかしいことでも、ましてや、それであなたの価値が下がってしまうというようなことは、絶対にないのです。
だから、最初はどんな小さなことでもいいから、思いきって、できないことは、できないと、周りの人に正直に言ってみてほしいのです。たとえば、ペットボトルのカタいふたが開けられなかったら、それを力の強い人に代わりに開けてもらう。そして、心から素直に「ありがとう」と感謝する。それだけでも、いいのです。あるいは、料理が上手な友だちに、「私はすごく料理が苦手なんだけれど、今度、私にもできるような簡単なレシピを教えてね」とお願いしてみる。ほんとうに、それだけでも、いいのです。
でも、そういうふうに、今のあなたが無理なくできる小さな甘えやお願いごとを、今日から少しずつコツコツ積み重ねていくうちに、あなたの心の中からは、きっと、人に甘えることへの苦手意識が、どんどんなくなっていくはずです。
そして、そうすれば、もう大丈夫ですよ。
あなたはきっと、これまでとは比べものにならないくらい、素直に人に甘えたり、甘えられたりすることが、自由にできる人になります。それはなぜかといえば、甘えるということへの苦手意識が減ったぶんだけ、あなたの心の中には、「無理して強がらなくてもがんばらなくても、素のままの正直な自分でいるほうが、もっと人と楽しく深く上手につき合える」という小さな自信が、どんどん積もってくるからです——。

困ったときは、お互い様です。そして、できないときはできないと素直に言ったほうが、じつは、お互いのため、よりいい人間関係の元になるのです。だから私も、できないと思ったときは、いつも素直に、周りの人にお願いするようにしています。

**やさしいあなただからこそ、
みんなきっと助けてくれますよ。**

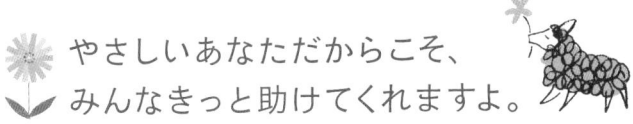

思いやりを出し惜しみしないで。

相手のことばかり考えて、つい自分のことは後回しにして、気がつくと、何だか損ばかりしてしまう——。そういうあなたは、ほんとうに思いやり深い人だと思います。そして、思いやりというのは、人間の徳の中でも、もっとも気高く、美しいもの。ですから、それをたくさん持っているあなたという人は、ほんとうに美しく、すばらしい人だと、私は思うのです。

ですから、そんなあなたにこそ、誰よりも自分の心を傷つけることなく、幸せに輝いて生きていってほしい——。でも、この世の中には、あなたの思いやりを利用したり、踏みにじってしまうような人もときにはいて、それはきっと、あなたのやさしい心を傷つけ、苦しめていることでしょう。でも、

それでもあなたには、どうか、せっかくのその思いやりを出し惜しみしないでいてほしいのです。

思いやりというのは、何にも勝るほどのすばらしいエネルギーです。たとえ、そのとき、思いやった相手から返ってこなかったとしても、そのエネルギーは、必ずいつか、あなたの人生に光や幸せとなって返ってきます。けれども、心ない出来事に振り回されて、思いやることを止めてしまったら、せっかくの思いやりは風化してしまう――。それは、何よりも、もったいないことだと、私は思うのです。

でも、だからといって、あなたの心を犠牲にしてまで、みんなを思いやる必要は、もちろんありません。あなたの心が楽しく素直にできる思いやり、それを無理なくつづければいいだけなのです。

思いやりとは、そもそも見返りを求めない行為ですから、そうやって無理なく楽しく相手を思いやっていくほうが、あなたの思いやりは、今よりもっと自然体で、美しく気高いものになっていきます。それでもまだ、あなたのすばらしい思いやりがうまく伝わらないこともあるでしょう。けれども、思いやりの美徳を繊細に感じられる人にとっては、あなたは、まさにすばらしい人。あなたは必ず、あなたが今、自分で思っている以上に高い評価をもって、たくさんの人たちから感謝され、求められるようになるのです。

思いやりを出し惜しみせずに、つねに心の中に大切に持ちつづけて、無理のない自然体の中で、さりげなく人を思いやれる「思いやり上手」のあなたになったとき、あなたはきっと、損をすることも傷つけられることも、なくなります。なぜなら、あなたの心の次元はもう、鈍感な気の毒な人たちが届かない、高く幸せなところにまで上ってしまっているから——。潜在意識の世界においても、思いやりと感謝は、人生を幸せにしてくれる何よりの徳なんですよ。

あなたのその思いやりは、
無駄にはなりませんよ。絶対に。

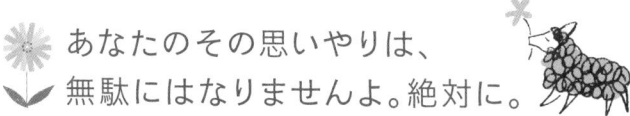

ガマンしすぎないために。

先日、ある俳優の方が、デビュー当時、偉大な演出家や監督から「人格否定」までされるようなダメ出しを受けたけれども、それが今の自分にとってすばらしい財産になっていると話されていて、とても感銘を受けました。

もちろん、人と人とのつき合い＝コミュニケーションの理想は、あたたかく、楽しく、心地よく、お互いが相手の価値観を尊重し、自由にのびのびと、ありのままでいられることだと思います。けれども、その一方で、「自分とは違う知識や価値観をもつ人たちに出会って、人にもまれる」ということも、私たちの心と魂の成長や成熟には、必要不可欠なことだとも、私は思うのです。

とはいえ、自分の心を悲しく凍らせてまで、人にもまれる

必要は、もちろんありませんよ。

人とのつき合いの中で、嫌だな、大変だな、つらいなと思ったとき、一度、あなたの心の中で、そのつき合いにおける自分にとってのプラス・マイナスを、天秤にかけるように、はっきり計ってほしいのです。そして、「この嫌な、大変な、つらいというマイナスを超えるプラスが、このつき合いにはある」と思ったものだけを選択し、続けるようにする——。そうすれば、人一倍、真面目でがんばり屋さんだからこそ、さまざまなしがらみに翻弄されて悲しくこんがらがっていたあなたの心は、自然にすっきりと楽になってくるはずです。そして、ほとんどの嫌なつき合いも、あなたにとって、どこかしらプラスのある、メリットのあるものに変わってくる——。それが、あなたのやさしい心を、すっきり楽にしてくれる「メリットの法則」なのです。

とはいえ、人一倍、純粋で、心やさしいあなたにとっては、人とのつき合いにおいて、「自分のメリットを考えてから選択する」というのは、何か不純なことのように感じるかもしれません。けれども、「メリットの法則」とは決して、誰かを利用することでも、ずるいことでもないのです。たとえば、仕事でいえば、すごく大変だけれど、これをやることで、自分はもっと成長できるし、あるいは経済的に豊かになれる、それがメリットです。また、それほど気乗りのしない食事会だけれど、普段、会わないような人に会って新しい刺激を得られる、それがメリットです。つまり、「メリットの法則」でいうところのメリットとは、物質的、精神的なものにかかわらず、すべて、あなたの心の成長と成熟のためのもの――。

いつも真面目で一生懸命なあなたこそ、胸を張って受け取っていい、神様からの当然の報酬＝メリットなのです。

ですから、どうぞこれからは遠慮することなく、「メリットの法則」を使いこなしてください。そして、あなたの心と魂の成長・成熟につながらないつき合いは、無理して続ける必要などなく、一定の距離を置いていいのだということも、どうか忘れないでくださいね。

メリットの法則は、
あなたの心を楽にしてくれますよ。

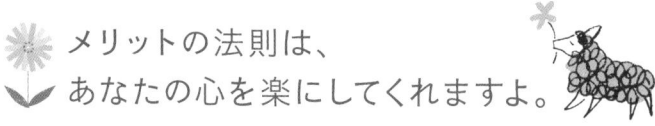

相手を「受け止める」ということ。

いろんな人の話を親身になって聞きすぎて、気がつけばいつも心がヘトヘトに疲れてしまう——。そんなあなたは、ほんとうに心やさしく、思いやり深い人だと思います。

でも、あまりに相手の話ばかりを聞きすぎていると、いつか、あなたのやさしい心は傷つき、パンクしてしまいます。やさしい人が傷ついて、自分の話ばかりを押しつける鈍感な人が楽になる——。それは、あまりに理不尽で、悲しいことですよね。

ですから、心やさしいあなたにこそ、相手の話を「受け入れる」のではなく、「受け止める」ということを覚えていただきたいなと、私は思うのです。

相手の話を「受け入れる」ということは、もう100%、無

条件に無防備に、相手の話を自分の心の中に入れてしまう状態です。一方、「受け止める」というのは、相手の話を認めながらも、それを自分の心の奥にまで入れすぎないこと——。ですから、「受け止める」ことができさえすれば、どんな鈍感な人に対したときも、あなたのやさしい心を傷つけず、守ることができるようになるのです。

とはいえ、これまでずっと相手の話をやさしく受け入れてきたあなたにとって、「受け止める」ということは、一見、すごく難しいことのように感じるかもしれません。

でも、大丈夫ですよ。安心してくださいね。

なぜなら、どんなにやさしいあなたでも、相手の話を上手に「受け止める」ことができるようになる「魔法の言葉」があるからです。それは、「ああ、そうですね」「ああ、そうなんだ」という、たったふた言——。このふた言こそが、相手の心を傷つけたり、不快にすることもなく、相手の話を上手に「受け止める」ことができるようになる、ほんとうにすばらしい魔法の言葉なのです。

人は誰でも、認められたいと思っています。誰かに自分の話をちゃんと聞いてほしいと思っています。そして、心やさしく、「聞き上手」なあなたは、それが誰よりもよくわかるから、これまで自分の心を犠牲にしても、相手の話を100％、理解して、受け入れてあげようとしてきたのです。

でも、これからは、あなたの心を犠牲にする必要はないのです。とくにネガティブな方向に感情的になっている相手には、「ああ、そうですね」「ああ、そうなんだ」と、ただ「受け止めて」、流していけばいいのです。そうすれば、相手は自分の思いを認めてもらったと満足してくれるし、あなたの心も疲れなくてすむようになる――。つまり、「受け止める」ということは、心やさしいあなたにとっての、「聞きすぎない技術」でもあるのですよ。

聞きすぎない技術で、
あなたの心を守ってくださいね。

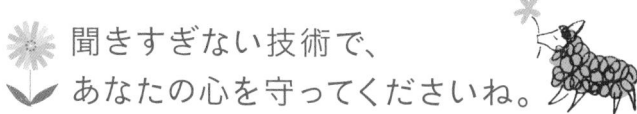

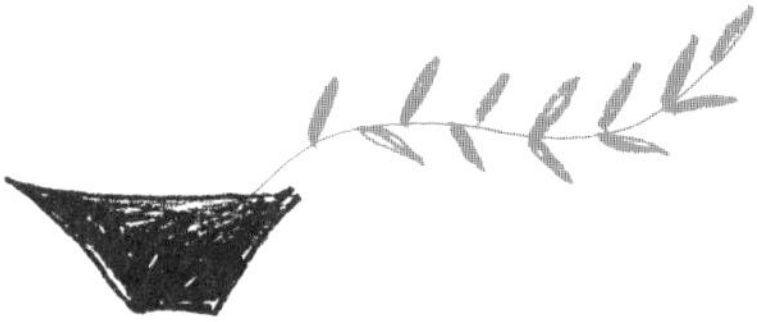

心地よくいられる距離感を。

人を疑うことが苦手で、どんな人にも、つい心を100％開いてしまう——。そんなあなたは、ほんとうに、子供のように純粋で、心やさしい、すてきな人だと思います。

でも、だからこそ私は、そんなあなたに、「自分が損をしてまでも、相手を受け入れる必要などないんですよ」と、きっぱり断言してさしあげたいのです。よく、「人は、ひとりでは生きていけない。だから、どんな人とのつき合いも大事にするべきだよ」といわれたりします。けれども、自分の生活を犠牲にしてまで、みんなとつき合う必要はないと、私は思うのです。

とはいえ、人との距離感をどうとるかというのは、なかなか、難しい問題ですよね。とくに、人一倍、心やさしく、純粋で、責任感が強いあなたは、きっと困っている人を見過ごせなくて、どんなに無理をしても、その人のために時間を作ってあげたり、できるかぎりのことをしてあげようと思ってしまう――。けれども、そうすると、あなたの心の負担が増えるだけではなく、あなたの貴重な人生の時間も、誰かのために振り回されるだけの、悲しくつらいものになってしまうのです。

ですから、人を疑うことが苦手な、純粋で心やさしいあなたこそ、どんな人とも平等につき合うというのではなく、たとえば、「恋人」「家族」「友だち」「知り合い」「何でもない人」というふうに、人との距離感を、あなたがいちばん楽に負担なくいられるように、きっぱり設定し直していただきたいな、と思うのです。

そして、それは決して冷たいことではないんですよ。「恋人」「家族」「友だち」「知り合い」「何でもない人」という距離感の中で、まずはあなた自身が楽しく負担なくできるつき合いをする――。そのほうが結果的には、相手にとっても、心地よく、いいつき合いになっていきます。なぜなら、あなたの「楽しい心のエネルギー」が、相手の心にも、あたたかなやさしいエネルギーとなって自然に伝わっていくからです。

ですから、人との距離感に迷ったときほど、あるいは、自分の都合だけを押しつけてくる鈍感な誰かさんに振り回されたときほど、どうか、「あなた自身を大切にすること」を思い出してくださいね。人一倍、心やさしいあなたが、まずは自分自身を大切にしたとき、そこにはきっと、これまでよりもはるかにあたたかく、楽しく、居心地のよい人とのつき合いが、生まれてくるはずです。そして、相手の話を上手に「受け止める」ことができるようになる「ベビー・ステップ」（最初の一歩）もじつは、あなた自身を大切にすること――。なぜなら、あなたが幸せで元気でないと、あなたと出会った人たちも、ほんとうの意味で、幸せにも元気にもなれないのですから……。

あなたは、
もっとワガママになっても
ちょうどいいくらいなんですよ。

言いにくいことを伝える方法。

どうしても、おかしいな、相手のほうが間違っているなと思ったときでも、自分の意見がうまく言葉にできなくて、じっと我慢してしまう。そして、あるとき我慢の限界にきて、ばーんと爆発してしまい、相手どころか自分自身の心のほうをもっとたくさん傷つけてしまう——。心やさしいあなたほど、もしかしたら、そんな苦しい経験を、たくさんされてきたことと思います。

コミュニケーションの理想は、もちろん、自分と相手の価値観を同じように認め、尊重し合うということです。

けれども、それができないことも、世の中にはたくさんあります。もしもそのことで、あなたの心が傷ついたり、仕事や人生が侵害されるようであれば、やっぱり、我慢せずに、

一回は、自分の意見を相手に伝えたほうがいいと、私は思うのです。

でも、あまりにも自分の意見をはっきり言うと、ますますよくない結果になるんじゃないかしら——。心やさしいあなたは、もしかしたら、そんな心配を抱いてしまうかもしれません。

でも、大丈夫ですよ。ちょっとのコツさえ身につければ、あなたもきっと、自分の意見が上手に伝えられるように、必ずなれます。そして、そのコツとは、「1つ意見を言って、3つ相手をほめる」ということです。「それは違うと思いますよ、もう少しこうして下さいね」と、相手の間違いや不備を指摘したり、自分の要望を伝える。ただ、それだけでは、もしかしたら相手は「なんだ、否定された」と反発したり、傷ついたりしてしまうかもしれません。けれども、「あなたはすごくよくやってくれて、がんばってくれて、いつもお洒落で」など、何でもいいから素直なほめ言葉を3つ言った上で、「ただ、1つ、お願いがあるんですけど——」というふうに、あなたの意見や要望を言えば、それがすごくストレートなことであっても、案外、相手はこころよく、きちんと受け止めてくれるものなのです。

ほめられたらうれしいし、相手に心を開きたくなる。それは、小さな子供だけでなく、どんなに大人になっても同じです。人一倍、心のやさしいあなたなら、人のよいところを見つけてあげることなら、きっと、すごく得意なはず。だったら、その長所を生かして、これからは自分の意見も上手に伝えられる人に、必ずなれるのです。

人をほめて損をすることは、絶対にありません。むしろ、素直に人をほめればほめるほど、その人の人生にはたくさんの幸せや徳が引き寄せられてきます。

だから、どうか安心してくださいね。人のいいところを素直にほめることができるほめ上手なあなたなら、きっと、みんながあなたの意見をしっかり聞いてくれるようになります。「3つほめて、1つ意見を言う」。ほんとうに、ただそれだけで、自然に上手になれますよ。

相手をほめることは、あなたの心も
ハッピーにしてくれますよ。

「わかってほしい」から「わかり合う」へ。

どんな人でも、誰かに自分をわかってほしいと思っています。ほんとうはそんなこと無理なんだろうけど、大好きな人にほど、ついつい自分を100％わかってほしい、受け入れてほしいと思って、それが叶わないことでいつも傷ついてしまう――。そんな悩みや葛藤は、私もとてもよくわかります。けれども、どんなに親友同士でも、どんなに愛し合っているパートナー同士でも、お互いを100％わかって、受け入れるということは、やっぱり、ほとんどできないことだと私は思うのです。

でも、大丈夫ですよ。100％は無理だとしても、これまでよりは、あなたのほんとうの心をきっとわかってもらえるようになります。なぜなら、わかってほしいけど、わかっても

らえないと、ひとりひそかに傷ついておられるあなたは、これまで人一倍、遠慮がちで、自分の思ったことがうまく言えない人だったと思うからです。

とはいえ、自分は口下手で、そんなにすぐに、思ったことを上手に言えるようになるとは思えない——。そんなふうに、心配している方もきっと多いと思います。

でも、それでも、やっぱり大丈夫なのです。

うまく言えないときは、まず、相手の話を丁寧に聞いてあげればいいのです。あなたが思っているのと同じように、相手だって、わかってほしいと思っています。だから、まずは「あ、そうだね」「そうなんだ」「わかるよ」と、相手の話をわかって共感してあげれば、相手の心は満たされて、今度は自然に、あなたの話に共感しようと思ってくれるようになるのです。

ただし、あなたの心を犠牲にしてまで、相手の話ばかりに共感する必要は、もちろんないんですよ。あなたの心が無理なくできる範囲で、相手の話を受け止めて、「わかるよ」と共感してあげる。ほんとうに、それだけで、いいのです。なぜなら、無理をするところに、いいエネルギーの交換は生まれないから。お互いに無理なく楽しい心で話しているときにこそ、ほんとうの意味で、お互いをよりよくわかり合える心地よく幸せなエネルギーの交流が生まれるからです。

そして、それができたなら、うまい言葉などは、もう必要なくなります。たとえつたない言葉であっても、あなたの心の言葉は、相手の心にちゃんと伝わります。相手の話に共感して、その上で話すたったひと言の言葉のほうが、百万語のうまい言葉よりも、だんぜん相手にわかってもらえる——。まさに、ハート・トゥ・ハートです。どうか、これからは、あなたの心の言葉を、いちばんわかってほしい人に、ちゃんとわかってもらってくださいね。

意外とわかってくれていた、
そういうこともありますよね。

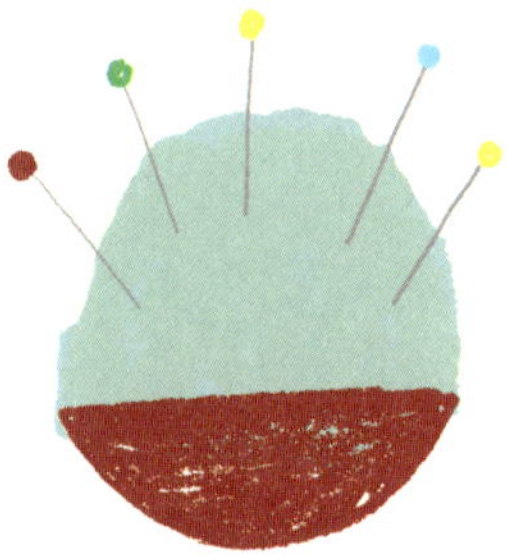

「間」を置くことで、自分を守る。

感情的にぶつかってくる人に対して、こちらも感情的になって返してしまうと、結局それは、やさしすぎるあなたの心を悲しく傷つけるだけ――。それは、とても理不尽で、悔しいことだと思います。

だから私は、そんなときこそ、ちょっと「間」を置くことを、ぜひ、おすすめしたいのです。

たとえば、ある一流ホテルのマネージャーの方は、お客さまから、理不尽なクレームがきたときほど、必ず「そうですね」と、一呼吸「間」を置いてから、その後の対応をするそうです。そうすると、相手も少し落ち着きますし、何より自分自身の心が、相手のネガティブなエネルギーに巻き込まれることなく、いいエネルギーを保ったままに、冷静で落ち着

いた対応ができるようになる、というのです。

そして、それは私もまったく同感です。

普段の会話でも、メールのやりとりでも、相手から、ばーっと感情的な嫌なボールを投げつけられたとき、すぐに同じボールを投げ返してしまうと、その問題は、ますますこじれてしまいます。それは、あなた自身が、うっかり感情的になりそうになったときも、同じです。たとえば、人間関係のストレスで、怒りの感情が爆発しそうになる——。もちろん、爆発してもいいんですよ。だけど、もしも爆発したことを、「また、やってしまった……」と自分を責めて後悔してしまうようなら、あなたの心にストレスを与えている物事から少し離れて、「間」をとってみる。そうすれば、あなたのやさしい心に不要な悲しい傷をつけることもなく、もっと上手なアプローチの方法が、きっと見えてくるのです。

また、物理的な距離や時間＝「間」は、それだけで、人間関係や物事の悪い流れを変えて、いい方向に転換させてくれます。お互いに密着して、怒りや不満を投げつけ合っているときというのは、ひたすら悪いエネルギーだけを交換しています。でも、そこでちょっと物理的な「間」を置くと、一回、その悪いエネルギーの流れを絶つことができる。そして、別のもっといいエネルギーの交換が生まれて、がらっとうまくいくようになったりする——。それが、人間関係における「間」の効果です。恋愛でも、そうですよね？

だから私は手術のときでも、何か問題が起こったときは、必ず、ちょっと一呼吸「間」を置きます。そうすると、焦ってつづけていては絶対に見えなかった、もっといい別のアプローチの方法が必ず見えてきます。それは、「間」を置くことで、それまでの悪い流れが変わり、自分の視野も広がるから——。これが、物事をうまくいかせるための「間」の効果なのです。

「間」は、物事に行き詰まったとき、ネガティブな感情に溺れてしまいそうになったときの「特効薬」です。だから、繊細で、不器用なくらいに人にやさしすぎるあなたこそ、どうか、「間」の使い方が上手になってほしい、そしてますます幸せになってほしいなと、私は心から思うのです。

「間」は、あなたの心を守ってくれる「盾」でもあるんですよ。

グチや悪口を言いたくなってしまったら。

どんなにやさしい心の人でも、うまくいかないことに対して、グチや不満を言いたくなることは、きっとあると思います。それは、「心のゴミ出し」ですから、絶対ダメということではなくて、ときには必要なことだと、私は思うのです。

でも、そんなときでも、これだけはぜひ覚えておいてほしいのです。「言葉」というのは、すごいエネルギーを持っています。あなたが無意識に使ってしまった悪い言葉、否定的な言葉は、そのままあなたの潜在意識の中にネガティブなエネルギーとして溜まってしまい、現実の世界においても、そのとおりのネガティブな物事を引き寄せてしまいます。逆に、あなたが意識して使った美しい言葉、自分や人を肯定する言葉は、そのままあなたの潜在意識の中に刻印されて、その美

しいいいエネルギーどおりの物事が、あなたの人生に引き寄せられてくるのです。

でも、言葉だけでそんなに変わるとは思えない——。そう思う方も、もちろんおられると思います。

けれども、それは間違いのない「真実の法則」なのです。その効果は、私自身も、日々、実感しています。また、私がこれまで出会ったすばらしい人たちの多くも、「言葉のエネルギー」をじつに上手に使っていました。

だから、もしもどうしても自分の中に溜めておけなくて、悪口や不満が言いたくなってしまったときは、たとえば信頼できる友だちに、時間を決めて、「今から10分だけ聞いてね」と、わーっと吐き出してしまう。そして、心がすっきりしたら今度は、聞いてくれたことへの感謝とか、あなたの心から素直に出てくるいい言葉、楽しい言葉、うれしい言葉を、悪口やグチの言葉以上に、たくさん、口にする。それで、大丈夫、あなたの心はすっかりきれいにお掃除できるはずです。そしてそれを意識してやっていると、だんだん「言葉のエネルギー」が実感できてきて、あなたはきっと、「悪口はいけない」と無理に思わなくても、ごく自然に、ネガティブな言葉を言うのが、気持ち悪くなってくるはず。そうなれば、もっと大丈夫！　あなたのやさしい心は、ますます幸せにのびのびと自由になってくるはずです。

とはいえ、友人同士でなくても職場でも、不満やグチを言い合うことで、共感できたり、仲良くなれた感じがするときも、たぶん、あると思います。でも、その会話が不満やグチだけで終わってしまうと、ネガティブなエネルギーを増幅してしまい、結局は、事態が悪化してしまうことも……。ですから、やっぱり、「心のゴミ出し」は時間を決めて、あとはできるだけ、いい言葉、励ます言葉を交換したほうがいいと、私は思うのです。

悪口やグチでつながらなくても、うれしい、楽しい、いい言葉を使っていれば、必ず、いい友だちがあなたのところに引き寄せられてきます。だから、気の進まない井戸端会議に、無理してつき合わなくても、大丈夫。そんなときは、上手に間をおいて、「そうですね」と聞き流していれば、いいんですよ。

グチを1つ言ったら、3ついいことを考える。そんなクセをつけてみて。

どうしても許せないこと。

よく、「許す」ことが大事だといわれるけれど、どうしようもなく深く悲しく傷つけられたときほど、その相手を許すということは、ほんとうに難しいことだと思います。でも、それがどんなに難しいことであったとしても、「許す」ということは、やっぱりとても大事なこと。なぜならば、許すということは、誰よりも、大切なあなた自身の心の傷やトラウマを癒し、救うことになるからです。

とはいえ、どうすれば、すごく許せないことを許せるようになるのでしょうか。そのいちばんの方法は、許せないと思った出来事の「メリット」を見つけることだと、私は思うのです。

男性から悲惨な暴力を受けたある女性が、長い間、そのトラウマに深く悲しく苦しめられていました。そんなとき、あるカウンセラーがアドバイスしたのが、「その出来事から得たメリットを探す」ということでした。あまりにも理不尽な出来事にメリットなんて見つけられるはずがない、でもその女性は、相手を許せないと思う感情はひとまず置いて、そこから得たメリットを一生懸命考えたのだそうです。すると、「あれがあったから、自分は人の痛みがわかるようになれた」「周りの人の愛情がわかった」「人生の意味について考えるようになれた」――。そういうふうに、自分が思っていた以上にたくさんのメリットを得ていることに気づき、その出来事を心から「許す」ことができ、ついには心のトラウマからもすっかり抜け出せたそうなのです。

もちろん、そこまでのことは、なかなかできるものではないと思います。でも、彼女の体験はやはりすばらしい真理です。だから私も、どんなに「許せない」と思ったときでも、それによって得た「メリット」を考えて、そこに感謝をするようにしています。そうすると、感謝のほうが大きくなって、許せないという気持ちが、いつの間にかすーっと消えてくれるのです。

でも、それでも「許せない」という気持ちを引きずってし

まうときは、どうか無理に我慢しないで、心のゴミ出しをしてみてください。いちばんいいのは、価値観が共有できて、気を遣わずに話ができる人に、「許せない」と思うことをすべて吐き出してみること。そうすると、不思議なくらいすーっと気持ちが楽になり、小さな「許せない」くらいなら、その場で消えてしまいます。あるいは、誰も話す人がいないときは、許せないと思うことを紙に書いて、それをぐちゃぐちゃっと丸めて、ゴミ箱に捨ててしまうのでもいいんですよ。
そして、心のゴミ出しが終わったら、「許せない」の代わりに、「うれしい」「楽しい」「おもしろい」でも何でもいいから、ポジティブな感情をどんどん入れていくこと——。そうすればきっと、許す、許さないという判断もいらないくらい、晴れ晴れと楽しいあなたの心が、そこに見つかるはずですよ。

心のゴミ出しがスッキリ
終わるまでは、どうか無理に
ガマンしないでくださいね。

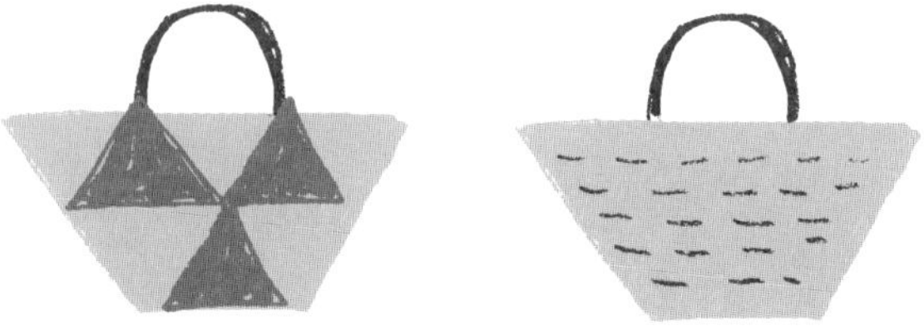

「心の眼鏡」をかけかえる。

たとえば、会社の人に挨拶をしたのに返事を返してもらえなかった。たとえば、いつもならすぐに返ってくる友だちからのメールが何日も返ってこなかった――。ほんとうは、相手が忙しかったり、気がつかなかっただけかもしれないのに、そこから、悪い妄想が止まらなくなってしまう。もしかしたら私、嫌われているのかな。もしかしたら私、すごく周りの気に障ることをしちゃったのかな――。そんな悩みを抱えて、でも、それを誰にも相談できなくて、ひとり悲しく悩んでいるあなたは、きっと、人一倍、周りの人の心を繊細に思いやれる、心のやさしい人だと思います。

だからこそ、これからは、いたずらに悪い妄想をふくらませることなく、あなたらしくのびのびと、明るく幸せに生きていってほしい——。私は、心からそう思うのです。

でも、どうすれば悪い妄想を止めることができるのでしょうか？　そのいちばんの方法は、あなたの「心の眼鏡」をかけかえることだと、私は思うのです。

悪い妄想が止められないとき、それは、あなたの心がネガティブ・スパイラルに陥ってしまった状態です。あなたの心の中には、不安や心配、自己嫌悪というようなネガティブなエネルギーが炎のように渦巻いていて、だからあなたの心の眼鏡も、煙や煤で曇ってしまい、何を見ても、それが汚れた悪いものに見えてしまうのです。

でも、そんなあなたの心の中に、楽しく美しいポジティブなエネルギーを、水のようにたっぷり注いであげればどうでしょう？　ネガティブなエネルギーの炎は、自然に消えてしまいます。しかも、曇ってしまった「心の眼鏡」もきれいに洗われて、そのとき、あなたの目にはきっと、まったく違う、ほんとうの世界が見えてくる——。それが、「心の眼鏡」をかけかえる、ということなのです。

だから、悪い妄想が止められないときは、その妄想の原因を突き詰めるのはひとまず止めて、どうか、あなたの心と体が、無理なく楽しくなれることに、精一杯、心を向けてみて

ください。たとえば、新しく楽しい習い事を始めるのでもいいでしょう。たとえば、すべてを忘れて夢中になれる面白い物語を読むのもいいでしょう。たとえば、「心のゴミ出し」として、悪い妄想を紙に書き出して、くしゃくしゃに丸めて、ゴミ箱に捨ててしまうのもいいでしょう。そうやって、あなたの心と体の中を、「ああ、すっきりした」「ああ、楽しかった」「ああ、充実した」というふうないいエネルギーでいっぱいに満たしていくと、そんなあなたの心を映して、あなたの周りの世界も必ずいいものに変わってくる——。それが、自分をよくすれば、周りもよくなるという潜在意識の「鏡の法則」なのです。

　だから、悪い妄想が止められないときは、ある意味、チャンスです。人一倍、繊細で心やさしいあなたが、もう一段階、自分を磨いて、幸せで魅力的な人へと脱皮できる、ステキなチャンスでもあるんですよ。

あなたの心、クタクタではありませんか。しっかり休ませてあげてくださいね。

愛しすぎてしまう、尽くしすぎてしまうあなたに。

恋人でも夫婦でも、愛する人には、できるかぎりの愛を注ぎたいし、愛を返してほしいと思うのは、自然な感情です。でも、もっと愛したい、愛されたいと思うあまりに、自分の心を犠牲にしてまで、100%、相手の価値観やワガママを受け入れて、尽くしてしまうと、結局は、そのパートナー関係は、どんどんよくないものになってしまう——。心やさしいあなたほど、もしかしたらこれまで、そんなつらく悲しい経験をたくさんされてきたのではないでしょうか。

愛する人のためにできるかぎりの愛を注ぎ、尽くすということは、もちろん、とてもすばらしいことです。けれども、そのとき、ほんの少しでもストレスを感じたら、それは、「相手を受け入れすぎて、あなたの心が犠牲になっていますよ、ここで一度、ふたりの関係を見つめ直してくださいね」という気づき＝神様からのやさしいサインだと、私は思うのです。

とはいえ、その愛を失いたくないと思えば思うほど、ストレスを我慢して、気づかないふりをしたくなる――。そんなあなたの気持ちも、痛いほどわかります。けれども、そのサインを見ないふりをしていると、愛によって、幸せになるどころか、あなたのかけがえのない人生すら台無しにしてしまいかねない――。ですから、ストレスを感じたときほど、思いきって一度、あなた自身にとっての「メリット」と「デメリット」を紙に書き出してみてほしいのです。

その人と一緒にいることで、得るもの。

その人と一緒にいることで、失うもの。

それを書き出して、もしも得るもの＝メリットのほうが多いと思ったら、あなたの迷いやストレスは、霧が晴れたようになくなるはずです。逆に、失うもの＝デメリットのほうが多いと思ったら、その関係を解消することへの踏ん切りもつき、潔く新たな次の愛へと向かう勇気も湧いてくるはずです。

ただし、そのメリットは、一般的な価値観ではなく、あなただけの価値観でいいのです。たとえば、お金は失うけれども、それ以上に幸せや安心感が得られるというのであれば、

それはあなたにとっては、メリットのある関係です。逆に、経済的には得るものが多いけれども、それ以上に自由を失うことのほうが多いというのであれば、それは、あなたの人生にとっては、デメリットをもたらす関係なのです。

夫婦・恋人関係においても、「これがベストだ」という一般論はありません。ベストだと決めるのは、あくまでも、あなたの心、あなたの価値観です。そして、あなたが自分で「これがベスト」だと選んだ関係は、たとえ形がどうであれ、それはあなたの宝になります。それが一方的に尽くす愛であったとしても、それはあなたの魂を豊かにするすばらしい人生の経験＝財産に昇華できるのです。

愛についてのメリットを考えるというのは、決して計算高いことでも、ずるいことでもありません。それはほんとうの意味で、あなたも相手も幸せにし、お互いを受け止め合えるパートナーシップを育むための、まごころの方法なのですよ。

愛は、あなたを幸せにしてくれるものですよ。

しんどい親子関係を卒業する。

人と人とのつき合いにおいて、親子関係というものは、もしかしたら、いちばん悩み深いものかもしれません。他人だったら断ち切ることもできるけれども、「親子関係」というものは、よかれ悪しかれ、一生続いていくものだからです。でも、そんな関係だからこそ、100％「受け入れる」のではなく、「受け止める」だけでいいのだと、私は思うのです。

親と子というのは距離が近いだけに、気がつけば、お互いに、自分の価値観を100％受け入れてほしい、受け入れなければいけない、と思ってしまいがちです。そして、それがすぎると、過保護になったり、過干渉になったり、あるいは、心の虐待になったりしてしまう——。ですから、もしも、あなたが今、親子関係において、自分の心を犠牲にして、深く

悲しく傷ついているとしたら、どうか、自分が悪いと思うことは、いっさいやめてほしいのです。

親の言い分を100％受け止める、あるいは子供の言い分を100％受け止める。それができない自分は、なんて親不孝なんだろう、ダメな親なんだろう、そんなふうに思う必要は、まったくないのです。たとえ、親子という関係で結ばれていたとしても、それぞれ別の人間であり、それぞれに幸せに生きる義務と権利を持っています。もちろん、素直な親子の愛情から、親に対して子供に対して、最低限、自分のできることをしてあげたいと思うのは、すばらしいことです。けれども、自分の心をつらく悲しく犠牲にしてまで、相手の価値観や身勝手な期待やワガママに100％応える必要など、いっさいないのです。

親にとってのいちばんの幸せは、自分の子供が幸せな人生を生きてくれることです。そして、子供もきっと同じです。もし、そう思わないで、あなたに自分の価値観ばかり押しつけてくるとするならば、それは残念ながら、その人の魂が未熟で、精神的に自立しておらず、やさしいあなたに甘えて頼り切ってしまっているのです。ですから、親子関係において、どうしようもなくつらくなったときほど、じつは自立のときなのです。「ああ、私も相手も、やっと自分の人生を自立して生きる時期がきたんだな」と、一度、スパンと割り切って、距離を置いていいのです。

それは、介護の問題についても同じだと思います。あなたひとりで抱え込む必要はない。無理だと思ったら、専門の人に頼めばいいのです。それは、決して親不孝でも冷たいことでもありません。だから、人に任せられるときは任せて、余裕を持った状態で、介護をする人に愛を注ぐ。そのほうが、お互い幸せだと思うのです。

他人が何と言おうが、あなたの心がまず幸せになること、それこそが、親子関係においても、介護においても、いちばんやさしく幸せな結果をもたらしてくれるのですよ。

親子もまた、ひとりの人間と
ひとりの人間の関係であることを、
忘れないで。

大切な誰かが心配でたまらない夜は。

愛情深く、心やさしい人ほど、自分自身のことだけでなく、自分の家族や恋人や友人に対しても、すごく心配してしまう。些細なことでも、「あの人は、大丈夫かしら？」と思い始めると、夜も眠れなくなってしまったり——。その気持ちは、すごくよくわかります。

だけど、あなたにとっても、あなたの大切な人にとっても、余計な心配は、少なくしたほうがいいのです。なぜならば、不安や心配というのは、やっぱり、ネガティブなエネルギーですから、あまりにもそれが膨らみすぎると、かえって、ネガティブなことを引き寄せてしまうからなのです。

ですから私は、自分だけでなく家族や友人に対しても、もしも、余計な不安や心配が起こりそうになったときは、「でも、

そうなったとしても、それはその人の運命だから」と、一度切り替えるようにしています。それは、昔、大きな交通事故に遭った経験から、余計にそう思うようになったのです。

とはいえ、すべてを運命のせいにするのは、あまりにも消極的な生き方なんじゃないですか？　そう疑問に思う方も、きっとおられると思います。

もちろん、運命は変えられます。

自分の努力次第で、いい運命に変えていくことは、必ずできます。それは、まちがいのない「真理」です。

だけど、どんなに努力をしたとしても、自分以外の他の人の運命までは背負うことはできないし、もっといえば、背負うべきではないと、私は思うのです。

あなたには、あなただけの自由な人生＝運命が与えられているように、あなたの大切な人にも、同じように自由な人生＝運命が与えられています。つまり、どんなに愛している、大切な人であったとしても、その人の自由な運命をコントロールすべきではないのです。

だとすれば、あなたができるいちばんいいことは、余計な心配は思いきって、「そうなったらなったで、それはその人の運命だから」と、一度、スパンと割り切って、あきらめて、代わりにその人の人生の可能性を心いっぱいに認めて、信じてあげること。そうすれば、その「認めて、信じる」というポジティブなエネルギーがきっと、あなたとあなたの大切な人、両方の人生に、やさしい幸せなエネルギーを与えてくれるようになるのです。

　余計な不安や心配がむくむくと湧いてきそうになったら、まずは「運命」とあきらめて、次の可能性を信じること――。それが、心やさしく心配性のあなたの人生から、余計な不安と心配をどんどんなくしてくれる、とっておきのおまじない＝魔法だと、私は思うのです。

一度距離を置くと、あなたにできること、してあげられることが見えてきますよ。

大切な誰かに八つ当たりしないために。

忙しすぎてイライラしたり、うまくいかないことがあったり、体調が悪かったり。そんなとき、自分の感情がコントロールできなくなって、つい関係のない誰かに八つ当たりしてしまう。とくに自分より弱い立場の人や、小さな子供に八つ当たりしてしまったときなどは、「自分はなんてダメな人間なんだろう」と、自己嫌悪に陥って、ますます立ち直れなくなってしまう――。そんな悩みを抱えているあなたは、じつは、とても心やさしく真面目な人だと思います。

だから、もうそれ以上は、自分を責めないでくださいね。誰だって、感情がコントロールできなくなることはあります。というよりも、感情とは、そもそもコントロールできなくて当たり前なのです。とはいえ、やっぱり、大切な誰かに八つ当たりしない自分になりたい――。だとしたら、八つ当たりも、こんなふうに、「原因と結果の法則」として、考え直してみてはいかがでしょうか？

八つ当たりをしてしまう。そこには、あなたの心を欲求不満にしたり、不機嫌にした「原因」が、必ずあります。だから、その「原因」さえ取り除けばきっと、あなたの心は元のように明るくなって、「結果」も自然に、八つ当たりをしないあなたに変わっているのだ、と――。

ただ、そのとき、焦らないでくださいね。欲求不満や不機嫌の「原因」にもまた、あなたがコントロールできるものと、できないものが、必ずあります。たとえば、食事や服装や読む本などは自分でコントロールできるけれど、他人の価値観や性格まではコントロールできない、というふうに。

だから、どうか、あなたの力でコントロールできないものまで、焦って、一気に変えよう、取り除こうとはしないでくださいね。それは、あなたの心をますます悲しく不機嫌に疲れさせてしまうだけ。せっかくのあなたのやさしい心のエネルギーは、もっと明るく幸せになれるほうに使ってほしい――。私は、心からそう思うのです。

人生の幸せと成功のコツと同じで、八つ当たりの「原因」

サンクチュアリ出版＝本を読まない人のための出版社

はじめまして。
サンクチュアリ出版 広報部の岩田です。
「本を読まない人のための出版社」…って、なんだソレ！って
思いました？ ありがとうございます。
今から少しだけ自己紹介をさせて下さい。

今、本屋さんに行かない人たちが増えています。
ゲームにアニメ、LINEにfacebook…。
本屋さんに行かなくても、楽しめることはいっぱいあります。

でも、私たちは
「本には人生を変えてしまうほどのすごい力がある。」
そう信じています。

ふと立ち寄った本屋さんで運命の1冊に出会ってしまった時。
衝撃だとか感動だとか、そんな言葉じゃとても表現しきれない程、泣き出しそうな、叫び出しそうな、とんでもない喜びがあります。

この感覚を、ふだん本を読まない人にも
読む楽しさを忘れちゃった人にもいっぱい
味わって欲しい。
だから、私たちは他の出版社がやらない
自分たちだけのやり方で、時間と手間と
愛情をたくさん掛けながら、本を読む
ことの楽しさを伝えていけたらいいなと思っています。

を取り除くときのポイントも、コツコツ焦らずなのです。自分の力で改善＝コントロールできるものだけにエネルギーを注いで、それを焦らず、ひとつずつ取り除いていく。そうすれば、どんなに問題が山積みで、どこから手をつけていいかわからないと途方にくれるような「原因」であっても、必ず解決の糸口が見つかります。そして、あるとき気がつくと、まるでテトリスのようにぱっと、その「原因」のすべてが、きれいに消えてなくなっている――。そのとき、あなたは八つ当たりなんて言葉とは無縁の、誰に対してもあたたかくやさしい笑顔で接することのできる、本来のあなたに戻っているはずですよ。

こんな小さなことと思うことが、
意外と大きな問題の
解決の糸口になりますよ。

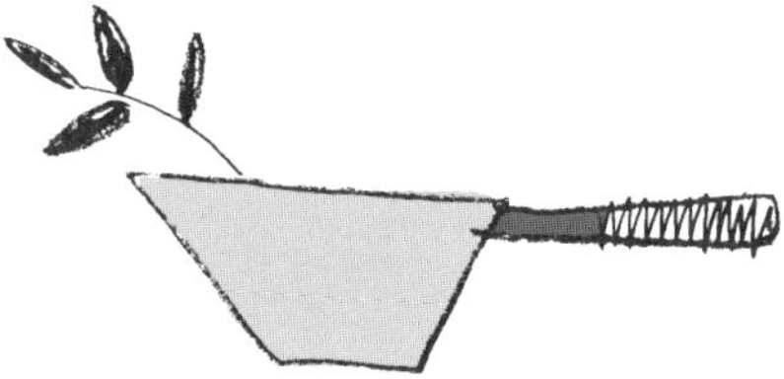

友だちの形はひとつじゃない。

環境が変わると、それまでの友だちと疎遠になってしまうことがあります。たとえば、就職して、仕事を始めて、仕事を一生懸命やればやるほど、学生時代の友だちとは環境や価値観が合わなくなって、離れてしまう。気がつけば、今の自分には仕事上の人間関係しかないかもしれないと、ふと寂しさにおそわれる人も、きっとおられると思います。

でも、それはそれでいいのです。自分は仕事だけのつまらない人間になっちゃったかなとか、自分は変わってしまったのかなというふうに、自分を責める必要は、まったくないのです。仕事とプライベートの人間関係を分ける必要はまったくない。分けて考えなければいけないという考え方こそが、間違った固定観念だと、私は思うのです。

今、この瞬間に一生懸命仕事をしている、その時期にたまたま仕事で出会った人だとしても、今のあなたといちばん価値観が合ったのであれば、その人があなたにとって大切な人です。価値観の共有から、お互いを認め、尊重し、楽しく新しい何かを生み出せる、とても大切な友だちであり仲間なのです。

ですから私も、仕事とプライベートを分けることは、いっさいしません。仕事だからこれ以上つき合ってはいけないとも思わずに、いい人に出会えたなと思ったら、その人とのつき合いを心から楽しみ、大切にします。

環境が変われば、自分の価値観も変化します。そして、その変化によって、新しい出会いもあれば、途切れてしまう縁もある——。それは、ダメなことでも何でもなくて、ごく自然なことなのです。

ですから、どうか、途切れてしまった縁を無理してつなげようとするのではなく、今のあなたの心にとって、いちばんいい縁を心から楽しみ、大切にしてください。また、そうすれば、表面的には途切れてしまったと思う縁もいつか、昔よりももっといい形で結ばれるときが、必ず来ます。私の知人にも、学生時代の友だちと十数年も疎遠になっていたけれど、

ふとしたことで再会して、以前よりもっとその人間関係が幸せな楽しいものになったという方が、たくさんおられます。縁とは、そういうふうに、無理をしてつなげるものではなくて、ごく自然につながるものが、いいのです。

また、友だちとの関係は、長ければ長いほどいいというのも、間違った固定観念だと、私は思うのです。子供の頃からずっと変わらぬ友だちがいるというのはもちろんすばらしいことですが、そうでなかったとしても、恥ずかしがる必要はいっさいありません。何よりもまず今のあなたの心を大切にし、今のあなたの心が素直に楽しいと思える友だちや人間関係を大事にする――。その結果、友だち関係が変わってしまっても、それがいちばんいいことなのです。思い出は大事にしてもいいけれど、思い出に生きる必要はありません。ついつい過去の友だちまで気にしてしまう心やさしいあなたは、誰よりも未来に生きるべき人であって、過去に引きずられて生きる必要も義務も、ほんとうにいっさいないんですよ。

会わなくなったら友だちじゃない、なんてことはないと思いますよ。

お医者さんとの関係に悩んだら。

人にやさしすぎて、自分がうまく出せないあなたは、もしかしたら、お医者さんとのコミュニケーションでも、悲しくつらい思いをされてきたかもしれません。

ほんとうは、医師という立場にある人こそが、そんなあなたの心を繊細に感じ取ってあげるべきなのに、残念ながら、今、多くの医師は、患者さんの心に寄り添うことを忘れてしまっています。それどころか、いつも上から目線で、横柄に、技術だけを提供すればいいのだと勘違いしてしまっています。だから、ますます患者さんの不安な心を傷つけてしまう——。それは、ひとりの歯科医師としても、ほんとうに腹立たしく、なんとか改善したいと思っていることなのです。

だから、どうか、これからは、こんなふうに思ってくださ

い。医師といっても、ひとりの人間です。心ある医師であれば、自分の話を「そうですね」と認めて受け止めてくれる患者さんには、自分のほうでもその患者さんの話をちゃんと聞こうと思うように自然に変わってきます。だから、そのお医者さんの話を受け止めたうえで、自分の気持ちを伝える。そうすれば、もしかしたら、コミュニケーションがもっと信頼できるものに、変えられるかもしれません。でも、それでもまだ医師に理不尽な言動をとられたとしたら、そのときは、迷わず怒っていいんですよ。また、もしも怒ることが無理だというならば、思いきって病院を変えること。「先生だから仕方ない」とあきらめて、泣き寝入りして、あなたのやさしい心を犠牲にしてまで、その病院にこだわる義務も必要も、いっさいないのです。

「ほんとうに信頼できる、いいお医者さんを見つけたい」。そう強く求めつづけていれば、必ず、その願いは叶います。でも、そのときも、どうか自分の直感を信じてくださいね。たとえば、友だちや知人から、「すごくいい先生だから」と紹介されて、新しい病院に行ってみる。でも、そのとき、少しでも「あれ？」と違和感を覚えたら、できれば他の病院にも行ってみて、どちらがあなたにとってより心地よく信頼できるかということを、素直に確かめてみてください。たとえば、それがすぐに治るケガや病気ではなくて、じっくり時間をかけて治さねばならないようなものなら、なおさらです。

すべての医師が、あなたが心から信頼できるいい医師になってくれたら、そんな面倒もおかけしなくて済むのですけれど、残念ながら、今の現実は、まだまだそうではありません。

あなたの心を犠牲にして、理不尽な医師の言いなりになっていると、あなたの命に関わります。大切なあなたには、いいお医者さんに出会ってほしいのです。ですからどうか、お医者さん選びだけは、あなたの素直な直感を信じて、遠慮せずに選んでくださいね。そして、たとえ治療の途中でも「あれ、おかしいな、合わないな、信頼できないな」と思ったら、「なぜ、そうするのか？」をはっきり聞く。それでもダメなら、病院を変えるという勇気も、どうか忘れないで持っていてくださいね。あなたは決して、悪くもダメでもないのですから。

あなたの心の痛みも含めて ケアする、それがお医者さんの ほんとうの役目なんです。

もしも、いじめに遭ってしまったら。

いじめというのは、ほんとうに、嫌なものだと思います。人として、もっともしてはいけないこと。だけど、悲しいことに、いじめというのは、なかなかなくなってはくれないのです。

だから、もしも心やさしいあなたが今、理不尽ないじめに遭ってしまっているとしたら、まずは、こんなふうに考えてみてください。

理不尽な意地悪やいじめというのは、自分がもっと高い次元に行くための一つのチャンスだと。

たとえば、ある女性は、その容姿について、職場の上司から、ものすごく意地悪なことを言われたそうです。もちろん、それはほんとうに低次元でひどいいじめなのですが、彼女は

それをバネにして、自分をもっと美しく磨くことにエネルギーを注ぎました。そして、上司の意地悪など届かないほど、誰から見ても美しく魅力的な女性に変わられたのでした。そして、そのときのコツは、ただひとつ。彼女は、上司の意地悪に対して、その場でやり返すことはしませんでした。攻撃してくる人に対して、その場でやり返すと、無駄なエネルギーを使ってしまう。だからその場では、「そうですね」と聞き流して、それを心の中で「今に見ていろ」というエネルギーとして溜めていたのだそうです。

でも、そんなことを言うと、それは気の強い人だけができることではないかしら——。そんなふうに思う方も、きっと多いと思います。でも、やってみると、ある目標を持って耐えるということは、案外、楽しくなってくるものなのです。理不尽な悪口を言われれば言われるほど、相手の中のいいエネルギーは減り、自分の中にいいエネルギーが溜まっていく。それは、たとえてみれば、ガソリンスタンドでガソリンをもらっているようなもの。だから私も、理不尽な意地悪や誹謗中傷がきたときは、「よし、これは自分がもっと強く大きくなれるチャンスだ！」と、すごく燃えてくるのです。

けれども、そのいじめが、もしも、あなたの心と体を壊してしまうくらいのひどいものであるとしたら、それは、もう環境を変えたほうが、絶対にいいと思います。

大丈夫ですよ。逃げたって、全然、悪くないんですよ。それは、いじめに負けることでも、相手に負けることでも、まったくないのです。そのときのいじめは、「あなたがほんとうに生きる場所は、そこではないですよ、これを機会に、あなたらしい、もっといい環境に変わってくださいね」という、神様からのサインなのです。

だから、「逃げる」という選択をした自分を責めることなど、どうかいっさいやめてくださいね。「逃げるが勝ち」という言葉もあるように、どうか、堂々と、別の環境へ、別の場所へ移ってくださいね。あなたの心と体を犠牲にしてまで、理不尽ないじめに耐える義務などは、ほんとうにいっさいありません。あなたの人生は、あなたが思う以上に、もっともっと自由で幸せになるべきものなのですよ。

逃げることは悪いことじゃ
ありません。大きな一歩ですよ。

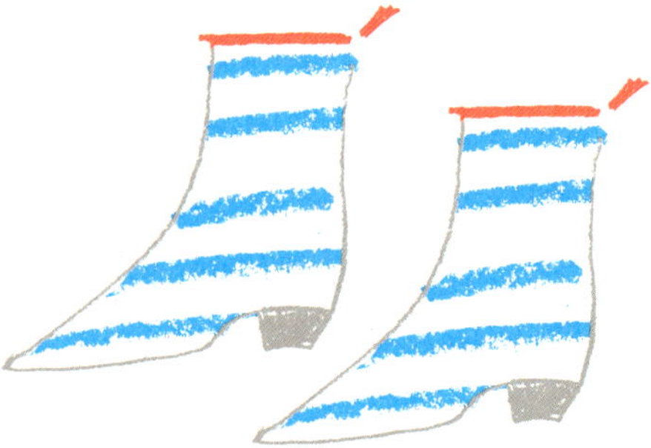

友だちは少なくてもいい。

友だちがいないと、寂しい。疎遠になりたくないから、無理して相手に合わせて、いつも気疲れしてしまう――。そんな悩みは、きっと心やさしい多くの人が抱えていることだと思います。

もちろん、人は、ひとりでは生きていけません。喜びや悲しみを分かち合える友だちがいることは、人生のもっともすばらしい財産のひとつです。でも、自分の心を犠牲にしてまで、友だちの数を増やすことが、ほんとうに必要でしょうか？

たとえば、自分と価値観の合うほんとうにいい友だちが一人か二人いる人のほうが、何十人も上辺だけの友だちがいる人よりも、ずっと友だちに恵まれていると、私は心からそう思うのです。

友だちの数が少ないことは、孤独ではありません。むしろ、人に振り回されないで、ひとりの時間を自由に使って、自分を磨き成長させることに注ぐことができる、とてもラッキーな人です。そして、そういう人には、必ず、いい友だちがやってきます。なぜなら、ほんとうにいい友だちを得るためには、まず自分の価値観を大切に育むことが、いちばんの近道だからです。

でも、どうしたら自分の価値観を大切にすることができるのだろう――。心やさしいあなたはきっと、遠慮がちにそう思うかもしれません。たしかに、これまで自分のことはさておいて、みんなのことばかり考えていたあなたが、いっぺんに自分の価値観はこれだと決めるのは、大変かもしれません。だとしたら、時間があるときに一度、自分が好きなこと、叶えたい夢、大切に思うことなどを思いつくままに紙に書き出してみてはいかがでしょうか？　紙にひとつずつ、自分が人生においてほんとうに大切にしたいことは何かな、やりたいことは何かなと、書き出していく、そうすればあなただけの価値観が、きっと、どんどん明確になってくるはずです。

また、それは、一般論でなくていいのです。こんなことを言ったら、嫌な人だと思われないかな、バカだと思われないかなとか、そんな遠慮はいりません。何でも好きなことを書き出して、それをあなたの心のひそかな羅針盤として、楽しく自信を持って生きていく。そうすれば、別に無理をして周りに合わせなくても、あなたの価値観に共鳴してくれるいい友だちが必ず、あなたのところに引き寄せられてくるのです。

友だちなんて少なくていい。ほんとうに気の合う友だちを、一年に一人か二人でも見つけられたら、もう十分だと思う。これは、すばらしい友人に恵まれているある女優さんの言葉でしたが、私もほんとうにそう思います。

そして、心やさしいあなたこそ、誰よりもいい友だちに恵まれてほしい——。そのためにも、どうか周りに遠慮せず、あなたならではの人生の価値観を心の中で大切に、楽しく磨いていってくださいね。

「どうしたら好かれるか」でなく
「どんな人と友だちになりたいか」、
それを考えてみてください。

誰からも愛されない自分には価値がない？

人は、誰もが、誰かに愛されたいと思っています。家族や恋人や友だちから愛されることで、自分の生きる価値を再確認したいと願っています。だから、もしもあなたが今、自分は誰からも愛されていない、自分には生きていく価値がないのだと、生きる自信を失っているとしたら、それはほんとうに悲しくつらいことだと思います。

でも、今、目の前の人に愛されていないからといって、あなたに価値がないということは、絶対にありません。なぜならば、心やさしいあなたはきっと、人一倍、人を愛することを知っている方だと思うからです。愛されることを知っている人よりも、愛することを知っている人のほうが、もっと幸せで価値がある――。それは人生の普遍的な真実であり、私

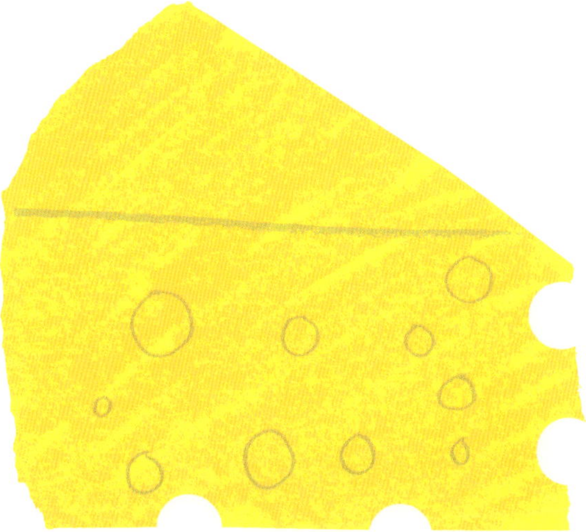

も年を重ねるごとに、心からそう実感するのです。

でも、そうはいっても、愛するだけではなくて、私だってもっと、ちゃんと誰かに愛されているという実感がほしい――。もちろん、その気持ちも、痛いほどわかります。

だとしたら、今日から少しだけ、こんなふうに、愛についての考え方を変えてみてはいかがでしょうか。

愛というのは、この世界でもっとも美しく、気高く、強いエネルギーです。そして、愛というのは、与えれば与えるほど、減るのではなく、増えていくもの。だから、どんな小さな愛でもいいから、コツコツと、誰かに与えていれば、あなたの潜在意識の中にはますます愛が満たされていき、「潜在意識の引き寄せの法則」によって、あなたは、自然に、多くの人から愛され、慕われるような、魅力的な愛らしい人に変われているのです。

また、愛だけでなく、感謝や思いやりややさしさも、人からの気持ちを受け取るためには、自分自身の感受性を磨くことが、とても大切です。受け取る感受性が鈍っていると、すぐ手を伸ばせば届くところに、すばらしい愛があったとしても、気づくことができなくて、逃してしまう――。それは、ほんとうにもったいないことです。

人の気持ちは、コントロールできないけれど、自分の心なら、ほんの少しの努力で変えることができます。だったら、ほんの少しだけでもいいから、愛される価値ではなく、愛するほうに価値を見出していくこと——。そうすれば、あなたの愛への感受性は自然に高まって、必ず、すぐ目の前にある愛も逃すことなく、幸せに受け取れるようになるのです。

でも、「愛さなきゃ」と思うあまり、あなたのやさしい心を犠牲にする必要は、もちろんありませんよ。まずはあなた自身を愛し大切にし、その上で、無理なくできる範囲で「小さな愛」を周りの誰かに楽しくコツコツ注いでいく——。それだけで、もうほんとうに十分です。すばらしい愛は、きっと、あなたの手の届くところで待っていますよ。

まずあなたが、あなた自身のことを
愛してあげてくださいね。

過去の自分を愛せないあなたに。

よく、過去は変えられないといわれますが、私は、過去は必ず変えられると思っています。

たとえば、誰かに騙されたり、裏切られたり——。心やさしいあなたほど、そんな悲しい過去を、ひそかに心に抱えているかもしれません。そのつらさは、私も痛いほどわかります。けれども、今こそ、そんな過去を、貴重な気づき＝経験だったと書き換えて、これからは、誰よりも幸せな出会いを引き寄せてほしいと思うのです。

たとえば、私の知人で、幸せを引き寄せる達人である女性実業家の方がいます。彼女は、恩師からもらった高価な鞄を盗まれたとき、すぐに、「ああ、そうか、これは、次は自分でもっといいものを買いなさいというメッセージだな」と、

「悔しい」という過去を、次につなげるいいメッセージへと書き換えたそうです。そして、実際、盗まれた鞄以上のすばらしいものを手にされています。

そういうふうに、いつでも幸せな、いい流れを引き寄せられる人というのは、失ったものにぐずぐず執着することがありません。だから、すべての過去に対して、自然に、いい書き換えができているのです。

もちろん、すぐにはその女性実業家の方のようには、切り換えられないと思います。けれども、少しずつでもいいから、「自分はダメだ」「失敗した」「悔しい」「悲しい」というつらい過去を、「ああ、あれで自分は成長できた」「あれで、人の痛みがわかるようになった」「あれで、自分は徳を積んだんだ」というふうに思えれば、あなたの過去は必ず、いいものに書き換えられていきます。すると、そのいいエネルギーによって、あなたの未来には、自然に、幸せないい出会いが引き寄せられてくるようになるのです。

人一倍、心やさしく、まじめで謙虚なあなたこそ、あなたの過去のすべてを許して、認めて、いい経験だったとほめてあげてほしいと心から思います。

あなたの人生が、あなただけのものであるように、あなたの過去も、あなただけのものです。他人が何を言おうと、いっさい気にする必要はありません。あなたの価値観で、あなたの自由に、過去の愚かさも、失敗も、間違いも、すべては自分の成長のために必要ないいものだったんだと、誇らしく書き換えていけばいいのです。

そうすれば、あなたの価値観はきっと、ほんとうの意味で自分を愛しく誇らしく大切に思えるものに変わっているはずです。そしてそんなあなたには、ありのままのあなたを愛し、誇らしく思ってくれる人との出会いが、どんどん引き寄せられてくるはずですよ。

ありのままの自分を愛せたとき、
幸せな出会いが訪れますよ。

環境を変えること、自分を変えること。

自分をもっとよくしたいなと思ったり、何かに行き詰まってしまったときに、「環境」を変えてみるということは、とてもいいことです。たとえば、職場だったり、住んでいる場所を変える。あるいは短期間でも海外に留学してみたり——。

でも、もし、思いきって環境を変えてみても、これまでと同じように、人間関係の問題や失敗を繰り返してしまう……。そんなときは、まず環境を変えた自分を十分にほめてあげてください。それは、大きな大きな第一歩なのですから。そして、自分の勇気を十分認めてあげたら、その次に少しだけ、こんなことを努力してみてください。

それは、「あなた自身の心を、もう一度、客観的に見つめてみる」ということです。

「環境」を変えるということは、自分を変えるための、物理的なアプローチです。以前よりずっと心地よい場所、これまでとは違う新しいいい刺激を与えてくれる場所。そんな「環境」に変わるだけで、あなたの潜在意識には、いいエネルギーが与えられ、人生にも新しいいい風が吹いてきます。

でも、あなたの心の中に、以前のネガティブなエネルギーが残ったままなら、せっかくの環境の変化による効果も、台無しになってしまう。だから、少しだけ、自分の心を見つめて、いいエネルギーに入れ替えることをしてほしいのです。

大丈夫ですよ。それは、そんなに難しいことでもないし、心やさしく、真面目なあなたなら、きっと、必ず、できることばかりです。

たとえば、人に対して以前よりも明るく返事をする。いつも笑顔でいる。よい言葉を使う。自分の心の成長になるような本を読む——。それだけでも、いいのです。そして、その中で、少しずつ自分の心の中に、「あ、私はこれまで、ここが足りなかったんだな」とか、「そうか、もっとこうすればよかったんだな」という気づきが生まれてきたら、もう大丈夫。あなたは、きっと、もう二度と、同じ失敗や問題を引き寄せない人に変われているはずです。

環境を変えることは、心やさしいあなたが、よりあなたらしくのびのびと幸せに生きるための、とても有効なベビーステップ（初めの一歩）です。そして、その効果を最大限に生かすために、あなたの潜在意識にいいエネルギーを満たす努力を、ほんの少しプラスすることが大切なのです。

でも、焦らなくていいんですよ。環境を変えたからといって、すぐに、まるで別人のように変わることができるなら、世の中は、それこそ、留学や引っ越しだらけになってしまいます。

自分の心を見つめ、そこに少しずつでもいいエネルギーを満たしていく努力を積み重ねていく大切さに気づけた人には、時間は、たっぷり与えられています。しかも、ひとつ気づき、ひとつうまくいけば、それはあるとき、加速して、あなたが思った以上の早さで、もっといい気づきやいいことが次々に引き寄せられてくる。だから、どうか焦らないで、ゆっくり歩んでくださいね。

自信を持って。
今度は、きっとうまくいきますよ。

小さな自信を積み重ねる。

とても残念なことですが、世の中には、人を肩書きで判断したり、自分より立場の弱い人に対して、軽く扱ったり、ないがしろにしたりする人も、たしかにいます。人にやさしく、遠慮がちなあなたは、もしかしたら、そんな理不尽に、とても悲しく傷つけられているかもしれません。

だとしたら、どうか、このことだけは忘れないでください。あなたに対して、誰がどんなにひどい扱いをしたとしても、あなたという大事な大事な人間の価値が揺らぐことは絶対にありません。相手が、どんな偉い立場の人であろうと、どんなお金持ちであろうと、です。自分より強い立場の人にはペコペコして、自分より弱い立場の人を軽く扱い、ないがしろにするような人は、未熟で幼い魂の持ち主。そんな人のせい

で、自分のほんとうの価値を見失わないでください。

とはいえ、ひんぱんに軽く扱われたり、ないがしろにされたりしていると、誰だって傷つきますし、しだいに自信も失ってしまいます。

だから、もしあなたが理不尽な扱いのせいで自信を失ってしまっているとしたら――。どうか少しだけ、あなたの中に「小さな自信」を積み重ねる努力をしてみてください。そうすれば、「潜在意識の鏡の法則」によって、あなたの自信が相手に鏡のように映し出されて、未熟な相手もあなたを大事に扱ってくれるように変わるかもしれません。

そしてそれは、決して難しいことではないんですよ。

たとえば、外見の自信でいえば、これまでよりちょっとだけ、身だしなみをきちんと整える。たとえば、これまでよりちょっとだけ、丁寧な言葉を使う。たとえば、これまでよりちょっとだけ、美しい立ち居振る舞いを心がける――。そういうことをコツコツと楽しくつづけていくうちに、あなたの中には、「私はできた、努力した」という小さな自信がどんどん積み重なっていき、それが外見にも確実に現われてきます。そして、その結果、あなたの外見も内面も、おのずと、多くの人から大切にされるものに変わっていくのです。

また、相手から軽く扱われたり、ないがしろにされたときは、もしかしたら、ひとつのチャンスです。あるいは、心やさしいあなたが、より自分らしく幸せに魅力的に成長するための、神様からのひそかなサイン——。だから私も、たとえば相手から理不尽な扱いを受けたときは、「よし、自分の成長のチャンスだ！」と、かえってやる気になるのです。

それに、あまりにいつも重く扱われすぎるのも、けっこうしんどいものですよ。大切に重く扱われれば扱われるほど、周囲から寄せられる期待も高まって、それがストレスに、重荷になってしまうことも、多々あるからです。

いつも中心にいなくていい。むしろ隅っこのほうで、ひょうひょうと生きていたほうが、よほどストレスなく、自分らしくのびのびと自由に幸せに生きられるし、結局は、いちばん豊かに成長できる。そんな気も、私はするのです。

誰にどんな扱いをされても、
あなたがかけがえのない存在で
あることは、1ミリも揺らぎませんよ。

あなただけの輝きを愛そう。

才能や美貌、あるいは環境や経済力などの物質的なことでも、人と自分を比べて、「自分にはあの人と比べて、豊かに恵まれたものが何もない――」と、どんどん自信をなくしてしまう。そんなみじめで悲しい気持ちは、多かれ少なかれ、誰もが一度は、感じたことがあるかもしれません。

けれども、人と比べて生きること、それは、いちばんもったいない生き方です。

あなたは世界でただひとりの人です。たとえ、あなたがまだ気づかなくても、あなたの中には、生まれたときから確実に、あなただけのすばらしい美しさや才能や魅力の「種」が眠っています。そして、その才能や魅力や美しさの「種」は、誰と比べることもできないくらい、ほんとうにこの世界でた

ったひとつのかけがえのないものなのです。

それなのに、人と自分を比較して、あなただけのすばらしい美しさや魅力を否定して、無視して、せっかくの「種」を育て、花開かせることなく枯らしてしまう――。それは、あなただけでなく、この世界にとっても、あまりにももったいなく、残念で、悲しいことだと、私は心から思うのです。

でも、どうしたら、人と比べることなく、自分だけの美しさや魅力を自信を持って伸ばしていけるのかがわからない。そう思う方も、いるかもしれません。あるいは、人一倍、真面目でがんばり屋で、人と自分を比べて優劣を競うことが癖になってしまっている方も、いるかもしれません。

だとすれば、こう考えてみては、いかがでしょうか？　人と比較をするということは、自分の中のいいエネルギーを無駄に浪費し、潜在意識にはネガティブなエネルギーだけが溜まっていきます。だから、人と比べることはそのまま、あなたのやさしい心を傷つける自己否定や自信喪失に、ダイレクトにつながってしまうのです――。だったらもう、人と比べることからは、できるだけ逃げたい、避けたいと思いますよね？　そう、それでいいのです。

負けず嫌いというのは、決して悪いことではなく、私も、人一倍、負けず嫌いです。でも、その「負けたくない」という強い気持ち＝心のエネルギーは、人との競争ではなく、自分自身との競争に使ったほうが、やっぱり、断然、いいのです。なぜならば、人との競争の中からは、ほんとうの意味での、人生に勝利した喜びも幸せも、決して得られないからです。

自分の経済的な豊かさや才能や美貌をこれみよがしに自慢して、それで周りから羨ましがられて得意になっている人は、じつは、とても不幸せな人です。人と比べる生き方の中でぽっかり空いてしまった心の空洞を、人からの優越感で埋めようとして埋められないで苦しんでいるのです。

だから、もう、誰かの自慢も、挑発も、気にしなくていいんですよ。これからはどうか、自信を持って、あなただけの花を咲かせることにだけ、エネルギーをたっぷり注いであげてくださいね。

あなたにはあなたにしかない 魅力があることを、絶対に忘れないで。

もうこれ以上、人に振り回されないために。

人の話を聞きすぎて、自分の素直な気持ちが出せなくなってしまったり。人の意見に振り回されて、自分がほんとうにやりたかったことが、見えなくなってしまったり。気がつくと、自分の中には何にもなくなって、ぽっかり穴が空いたみたいに、寂しい虚しい気持ちになってしまう――。

それは、ほんとうに、つらく悲しい悩みだと思います。

だからこそ、人一倍、人にやさしいあなたには、もう少しだけ、自分の素直な気持ちを大切にしてほしいのです。

人の話や意見に、素直に耳を傾けること――。それは、とてもすばらしいことです。けれども、人の話をただ素直に聞いているだけでは、残念ながら、あなたならではの捉え方や、新しい切り口やアイデアは、絶対に生まれてはきません。

人生においても、仕事においても、その人ならではのすばらしいアイデアや切り口を創造できる人というのは、つねに物事の本質を、自分の素直な心で、きちんと見つめようとしています。それがたとえ、世の中の常識や既成概念とは違っていて、多くの人から、「そんなの、できっこないよ」「みんながみんな、こっちのほうがいいって言ってるよ」と言われたとしても、最終的には、自分の素直な心にしたがって、「やる、やらない」とか、「好き、嫌い」などの判断をつけていく――。だからこそ、その人は、いつも、自分らしく、幸せに、満足した人生を歩いていけるのです。

でも、そうは言っても、自分の素直な気持ちというものに、そんなに強く自信が持てない。そう不安に思われる方も、きっといると思います。けれども、どんな些細なことでもいいから、今、あなたが心から素直に、楽しいな、やってみたいな、好きだなと思うこと、きっと思い浮かべられますよね？そうしたら、たとえば、それを紙に書き出して、ワクワク楽しくイメージしてみる――。

まずは、それだけで、いいんですよ。

なぜならば、それこそが、人の話を聞きすぎない、あなたならではの素直な気持ち＝人生の価値観だからです。

ish, ma
alzature
ma dell
arlare s
perienz
rona pe
sperien
gi *Baga
apacost
nomarc
rchetip
no: l'ap
ditativa

そうやって、あなただけの人生の価値観がはっきりイメージできるようになると、不思議なくらい、人の話を聞きすぎたり、人の意見に振り回されることがなくなってきます。

だからといって、それは、人の話を聞けない、ガンコでワガママな人になってしまうということでは、ありません。これまでと同じように、やさしく素直に人の話に耳を傾けながらも、それを聞きすぎて、受け入れすぎて、あなたの素直な心＝大切な人生の価値観までも見失うということがなくなるだけ――。むしろあなたは、これまで以上にやさしい聞き上手でありながら、自分の価値観と照らし合わせて、必要のないものは聞き流し、必要なものだけを上手に受け取れる、やさしく幸せなあなたに、きっと変わっているのです。

人の意見に振り回されないためには、あなたがいちばん大切にしたいこと＝人生の価値観を見つけること。それが見つかれば、もう、ほんとうに大丈夫なのです。

ときどき、周囲の雑音を
シャットアウトして、
ひとりきりの時間を作ってみてください。

自分の気持ちを見つけ出す。

人生において、自分がほんとうにしたいこと、大切にしたいこと＝人生の価値観がはっきりわかった人は、ブレることがありません。人の意見に振り回されて、自分を見失うこともなくなりますし、どんなときも自分らしく自然体で、自由にのびのびと生きられるようになります。だから、人生の価値観とは、あなたがあなたらしく幸せに生きるためのいちばんの味方であり、もっとも確かな「人生の羅針盤」なのです。

とはいえ、人を大事にするあまり、自分の心を犠牲にしてきたとしたら、もしかしたら、自分がほんとうにしたいことが、自分でもわからなくなっているかもしれませんね？

でも、大丈夫ですよ。あなたのやさしい心の中には、あなただけのすばらしい人生の価値観が、必ず存在しています。

それはあなたの人生を幸せにする無限の可能性を持っていて、あなたが再び見つけてくれるのを待っているのです。

だけど、どうすれば自分の価値観を見つけられるかわからない、いつも人生の選択に迷い途方にくれてしまう――。

そんなときは、ぜひ、こんなふうにしてみてください。真っ白な紙を前にして、一度、今の仕事や年齢や環境などの物理的な「枠」も、すべて外して、忘れる。そして、これまで自分がいちばんワクワクしたことって何だろう？　これから自分がほんとうにやりたいことって何だろう？　それを素直に心に問いながら、どんなに大それたことでもいいから、思いつくままに紙に書き出していくのです。次に、これまで自分が腹が立ったり、嫌だな、ストレスだなと思ったことって、何だろう？　それも、紙に書き出していきます。書き終わったら、そのふたつを見比べてみます。すると、そこには、今のあなたがいちばんやりたいことと、いちばんやりたくないことが、ちゃんと書き出されている――。そう、そのふたつをミックスしたものが、今のあなたの素直な心が見つけた、あなただけの「人生の価値観」なのです！

だから、これからは、そんなあなただけの「人生の価値観」に素直になって、やりたいことには、一生懸命がんばる。や

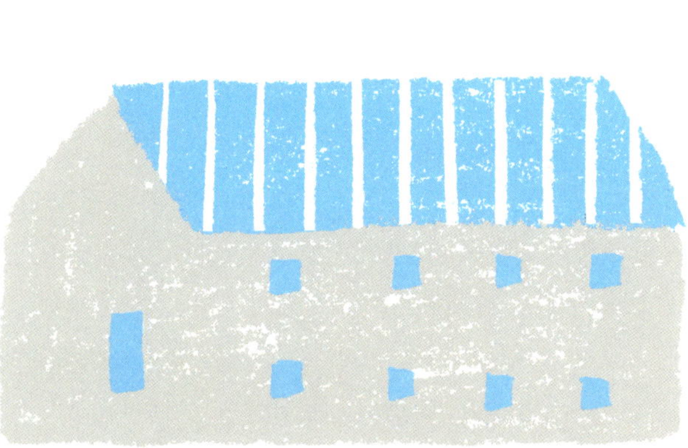

りたくないことは、できるだけ避ける——。とてもシンプルなことだけど、ほんとうに、それだけで、いいんですよ。あなたは必ず、うまくいきます。

また、そうすれば、あなたはきっと、「がんばりすぎる」ということも、なくなります。やさしすぎて、周りに振り回されすぎて、自分の心を犠牲にしてまで、一生懸命がんばってしまっていた。それは、ほんとうにつらく苦しいことでしたよね？　だけど、もう大丈夫。自分の価値観を見つけたあなたはもう、自分の心を犠牲にしてまで嫌なことにがんばることはなくなります。気がつけば、人が何と言おうと、気にしないで、自分の好きなことにこそ努力して、楽しくがんばれる——。そんなあなたは周りにも、いい影響をたくさん、与えられるようになります。だって、あなたの自然体のやさしいエネルギーは、周りの人の心まで、ワクワク元気にしてくれるのですから。

あなたの心の声に
耳を澄ませてください。

努力は、必ず、自信につながります。

自分に自信が持てなくて、自分で自分のことを心から好きだとは思えない――。人一倍、真面目で謙虚なあなたは、もしかしたら、そんな悩みを抱えて、悲しみ苦しんでおられるかもしれません。

でも、そんなあなただからこそ、今のあなたのそのままで十分にがんばっているし、すばらしいのだと、どうか自信を持ってほしいのです。

でも、それでもまだ仕事においてもプライベートにおいても、どうしても自信が持てなくなってしまったときは、たとえば、こんな努力をしてみては、いかがでしょうか。

仕事でもプライベートでも、あなたが心から素直に、「ああ、ステキだな」「自分も、あんなふうになりたいな」と思える人を見つけて、その人の上辺だけではなく、「陰の努力」をこそ真似して、取り入れてみるのです。

ほんとうの意味で、自分に自信を持ったステキな人には、必ず、ワケがあります。そして、そのワケとはじつは、「陰の努力」の積み重ねしかないのです。

たとえば、私の知人にこんな方がおられます。

その方は、仕事を始めたばかりの頃、いつも、その世界において一流といわれる人たちを羨ましく思っていたそうです。いつかは自分もあんな一流の人たちと一緒に、自分の好きな仕事で活躍できるようになりたい。だけど、自分に振られてくるのは、それとは程遠い、地味で三流のものばかり——。でも、あるとき、その方は、ふっと気づいたそうです。

たとえば、いい本を読んでいたり、いい音楽や芸術に触れていたり、食事や生活スタイルを美しく整えていたり。よく観察すればするほど、一流の人は、仕事に直接関係のないようなところでさえも、つねに自分をより豊かに成長させる努力を楽しく積み重ねている。自分にはそこが足りなかった。だから自分もこれからは、普段の生活から見直して、そこから一流の人に近付けるようコツコツ努力をしてみようと——。すると、その方はやがて、憧れだった一流の人たちから、「ど

うか、一緒に仕事をしてください」と声をかけられるようになり、ついにはその方が願ったとおり、ステキな一流の人たちに囲まれて、自分の好きな仕事を、軽やかに自由にできるようになられたそうです。しかも、今、その方の心の中には、「一流」「三流」という区別さえありません。あるのはただ、自分の仕事に対する充実感と自信だけ——。だから、その方はますます自分らしく、すばらしい一流の仕事を極めていかれているのです。

そういうふうに、「陰の努力」は、必ず、いつか実を結びます。そして、それは必ず、あなたのほんとうの自信につながります。だから、自分に自信がないと思ったときほど、じつは、よりステキに幸せなあなたになるための、成長のチャンスでもあるんですよ。

あなたの努力がムダになることは、絶対にありませんよ。

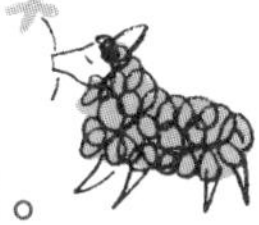

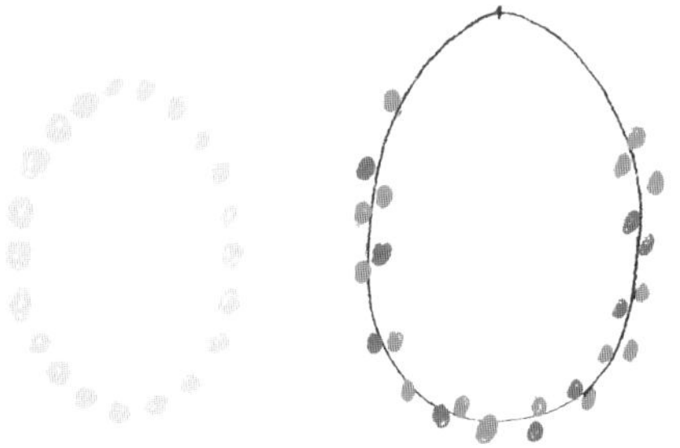

人生の岐路で「半歩」進む勇気。

どんなに自分の価値観をしっかり持っている人だとしても、人生の大きな選択を前にすると、その価値観が間違っていたかもと揺らいでしまったり、選択を迷って、身動きできなくなってしまうことだって、もちろん、あると思います。

でも、ほんとうは、迷ったときほど、いつまでも立ち止まらずに、ほんの半歩だけでもいいから、思いきって決断して、前に進んだほうが、絶対にいいんですよ。なぜならば、半歩進んだ先にこそ、あなたらしく後悔の少ない人生が、きっと待っているからです。

とはいえ、その選択が、人生を左右するような大きなものであればあるほど、自分の選択が間違っていたらと思うと不安で心配で、どうしても迷ってしまって決められない──。

その気持ちは、とてもよくわかります。また、今、あまりにも人生の選択肢が増えて、いつも選択を迫られているようで、それがすごくストレスになって心に重くのしかかってきてしまう——。その気持ちも、ほんとうに痛いほどわかります。

でも、そんなときには、ぜひ、こんな「真実の法則」を思い出してほしいのです。

今、あなたの目の前にある選択、そのどれを選んだとしても、じつは、すべてが間違いではないんですよ。なぜならば、人生の分岐点において、どの選択をしたとしても、思いきって半歩進みさえすれば、それまで見えなかった新しい道が、必ず、あなたの前に現われてくるからです。

たとえば、人生の分岐点において、右を選んで進んでみたら、壁にぶつかってしまったとします。だけど、そこで壁にぶつかったことで、「ああ、そうかこの道を行くと壁にぶつかるんだな」というふうに、経験して学ぶことができます。その上で、ちょっと引き返して、今度は違う道を選んで進んでみると、さっきの経験と学びが生かされて、これまで以上に、自信を持って、道を選ぶようになれる——。だから、人生の分岐点にはじつは、失敗も間違いもないのです。選択したその後に起こった結果についての捉え方＝考え方のほうが、

よほど、人生の失敗・成功を大きく左右してしまうのです。

「人生とは、壮大な実験みたいなものだ」と言った人がいます。

私も、ほんとうにそのとおりだと思います。

人生は、たったひとつの実験＝選択によって、失敗、成功の結果が決まるものでは、絶対にありません。どんな失敗も、それを「学び」として捉えることで、必ずより大きな「成功のもと」に変えられます。だから、ほんの少しの勇気を出して、今のあなたが心から「やってみたいな、やりたいな」というほうに決断をすればするほど、あなたの人生は、幸せに豊かに広がっていきます。どんな小さな決断でも、ほんの少しの勇気を出して、それを積み重ねて行けば行くほど、あなたの自信に変わります。

だから、どうか、あなた自身の選択に、ますます自信を持ってくださいね。

何を選んだとしても、
失敗なんてことはないんですよ。

後悔したっていい。

「あのとき、ああすればよかった」「もっと、こうしておけばよかった」——、そんな後悔は、どんな人の人生にも、きっとあると思います。そして、もしもそれが大切な人に対しての後悔だとしたら、それは心やさしいあなたにとって、ほんとうにつらく悲しいことだと思うのです。でも、後悔したって、いいんですよ。なぜならば、その後悔がきっと、あなたの心をよりやさしく豊かにしてくれていると、私は心から信じられるからです。

とはいえ、もうこれ以上、つらい後悔はしたくない。できれば、いつでも後悔のない、自分らしい人生を送っていきたい——。もちろん、そんなあなたの気持ちも、痛いほどわかります。

でも、だとしたら、なおさら、あなたが後悔したときの気持ちをあなたの人生の宝物として、そっと大切に覚えておいてほしいと思うのです。

たとえば、仕事や人生において、「やるべきか、やらないべきか」と何かの決断に迷ったとき、過去に、迷って後悔したときの気持ちを思い出せば、後悔しないような一歩が、迷いなく踏み出せるようになります。

たとえば、今、大切な人との関係がうまく行かなくて、あなたの心の中にむくむくと不平や不満の感情が湧いてきてしまったときも、過去に大切な人にしてあげられなかったことへの後悔を思い出せば、自然に、「今、できることをやってあげよう」と、明るい前向きな気持ちになれます。

人は、自分の素直な気持ちではなくて、誰かに何かをやらされていると思ったときに、そこにつらく悲しい後悔が生まれてしまいます。だけど、どんなことでも、自分の素直な気持ちで、自分の価値観に従って、「やりたい、やろう」と決めたことは、たとえそれがどんな結果に終わったとしても、そこにつらい後悔は残らない。「自分にできることは、精一杯やった」という、すっきりと楽しい充実感が残るものなのです。

でも、それでもまだ後悔が残ったとしても、もちろん、いいんですよ。最初にもお話ししたとおり、その後悔だって、あなたの人生の大切な宝物、決して、恥ずかしいことでも無駄なことでもないのですから。

人は、失敗と後悔があるからこそ、成長していけます。

逆に、人生の中で大きな失敗も後悔も挫折も経験していない人は、ほんとうの意味での幸せも魅力も得られない——。

だから、人間的に深く、やさしく、魅力的で美しい人ほど、その心の中には、たくさんの失敗や挫折や後悔を抱えているのです。

ほんとうに、後悔、失敗、苦労、挫折は、すべて、その人の魅力に変わります。だから、心やさしく繊細なあなたは、もうすでに、すばらしい魅力の「種」を、人一倍、その心の中に、いっぱいいっぱい持っている——。私だけでなく、どうかあなた自身も、そのことに強く自信を持ってくださいね。

これからどう生きるか。
それによって後悔もまた、
あなたの人生の宝物に変わるんですよ。

おわりに。

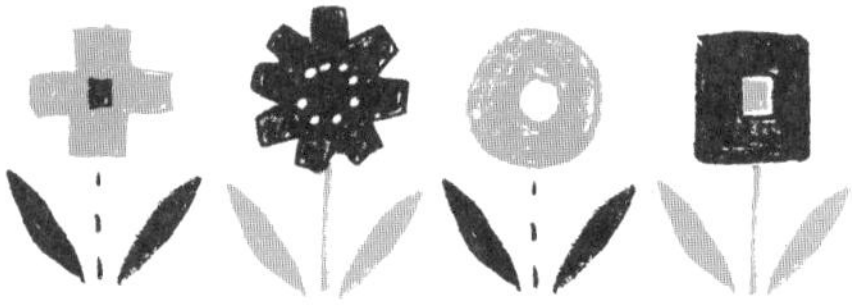

ある日、ベランダの花壇に植えた花の種に水をあげていて、気づいたことがありました。

同じ時期に植えたはずなのに、それぞれの花の種は、おもしろいくらいに成長する速度も、花を咲かせる時期も違うのです。けれども、早いからいい、遅いから悪いということは、もちろん、ありません。どの花も、自由にのびのびと、その花の自然な姿で育つことで、ほんとうにすばらしい花を咲かせて、見る者の心まで幸せのエネルギーで満たしてくれます。

でも、どんな種でも何日も水や光をあげないで、無理な環境に放っておいてしまったり、早く咲かせようと焦って、水や栄養を与えすぎると、せっかくの花を咲かすことなく、枯れてしまったりする——。

そして、それは私たち人間も、まったく同じなのだと、気がついたのです。だから、どうか焦らないでくださいね。

あなたは、あなたらしい自然な速度で、コツコツ楽しく育っていくことが、ほんとうに何よりすばらしいことなのです。

ときには、ぐんぐん育っていく誰かの花を見て、「こんなに努力をしているのに、私はどうしてまだなんだろう」と、不安になることがあるかもしれません。けれども、じっくりと根を張ることなく、ひょろひょろ上だけに伸びた木がすぐに倒れてしまうように、努力のない幸せや成功も、やっぱり長つづきはしないのです。

それは、私の歯科医師の仕事も同じです。たとえ時間がかかっても、患者さんに心から満足して喜んでいただけるようにと、丁寧に心を込めてした仕事は、ずっと自分の自信になります。けれど、手抜きをして、上辺だけきれいに取り繕った仕事は、結局は、いい結果も、自信も、人生におけるほんとうの意味での幸福や充実感も得られない。それは、日々、歯科医師として、たくさんの患者さんに接するときに、私の大切な心構えとなっています。

だから、どうか安心してくださいね。私も、あなたと一緒にがんばります。そんなに待たなくても、もう大丈夫。

人一倍、心やさしいあなただからこそ、あなたらしい人生が美しく幸せに花開くときは、もう、すぐそこまで来ているのですから。

2014年7月　　井上裕之

井上裕之

いのうえ・ひろゆき

歯科医師、セラピスト、経営学博士。
1963年北海道生まれ。東京歯科大学大学院修了。北海道・帯広でいのうえ歯科医院を営む。
歯科医師としてより高いレベルの治療を提供するために、ニューヨーク大学をはじめ、海外で世界レベルの技術を修得。
その高い技術はもとより、3万人以上のカウンセリング経験を活かした、患者との細やかな対話を重視する治療方針も、国内外で広く支持される。
歯の痛みを治すだけでなく、心の痛みもケアしてくれるとの評判から、はるばる海を越え、国内はもちろん海外から北海道・帯広の医院を訪れる患者も少なくない。
歯科医師として治療に励むかたわら、インディアナ大学歯学部など国内外の大学で教鞭をふるうほか、講演、執筆など多彩に活躍。著書に『自分で奇跡を起こす方法』『がんばり屋さんのための、心の整理術』など多数。
「困難に直面している人に勇気と希望を与えたい」と日々、精力的に活動している。

今の自分を変えてみたい。

もっともっと良い人生にしたい。

自分らしい生き方をしたい。

今に満足していない、何か夢をもちたい。

夢や目標をかなえたい。

恋愛や友人関係で悩んでいる。

そんなあなたが、小さな一歩を踏み出せるように。

井上裕之公式サイト
http://www.inouehiroyuki.com/

（「1万人が泣いた！感動のセミナー音声プレゼント」「3万人の人生を変えた！井上裕之のコーチングが毎日体験できる無料メルマガ」などコンテンツ満載）

井上裕之フェイスブック
http://www.facebook.com/Dr.inoue

（「いいね！」を1000以上集めることもある超人気フェイスブック）

やさしすぎるあなたが、少しずつ自分を出す練習

2014年7月25日　初版第1刷発行

著　者　井上裕之

装　画　石坂しづか

装　丁　五十嵐ユミ（Pri Graphics inc.）

構　成　藤原理加

発行者　鶴巻謙介

発行・発売　サンクチュアリ出版

〒151-0051　東京都渋谷区千駄ヶ谷2-38-1

TEL　03-5775-5192　FAX　03-5775-5193

URL　http://www.sanctuarybooks.jp/

E-mail　info@sanctuarybooks.jp

印刷・製本　中央精版印刷株式会社